Anna Fiske bei Hanser:

Wir basteln uns durch den Advent
Alle haben einen Po
Alle haben einen Po – Mein erstes Buch vom Körper
Alle gehen in die Schule
Wie macht man eigentlich ein Baby?
Wie ist es eigentlich, erwachsen zu sein?
Wie spricht man eigentlich über den Tod?

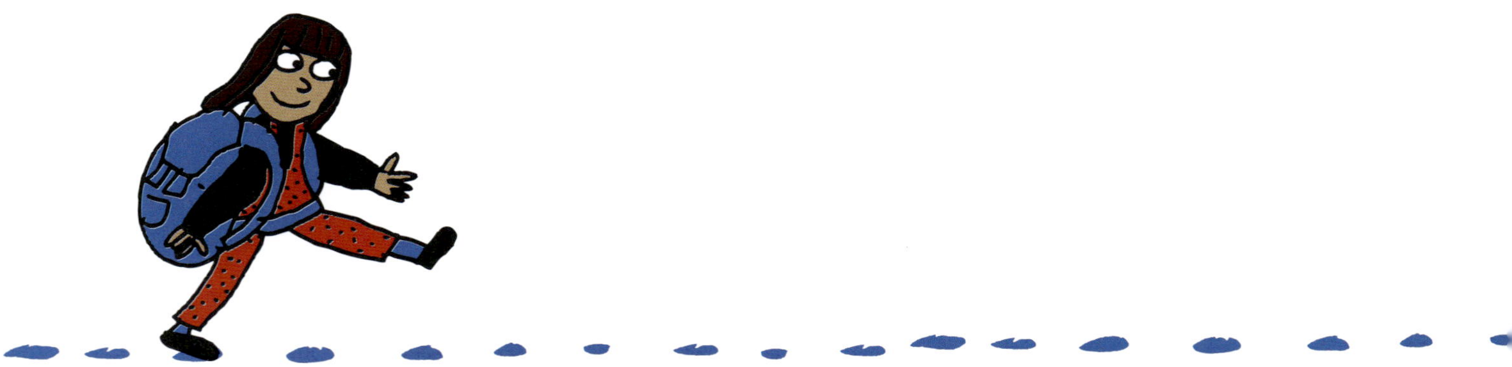

Die Originalausgabe erschien 2020 unter dem Titel
Hvordan begynner man på skolen? bei Cappelen Damm, Oslo.

Die deutsche Ausgabe wurde finanziell gefördert durch NORLA

6. Auflage 2026

ISBN 978-3-446-26950-7 I Kolbergerstraße 22 I 81679 München I info@hanser.de I Umschlag: Anna Fiske I Satz im Verlag I
Druck und Bindung: PNB Print Ltd., Silakrogs

ANNA FISKE

ALLE GEHEN IN DIE SCHULE

Aus dem Norwegischen
von Ina Kronenberger

Carl Hanser Verlag

Mit sechs Jahren kommst du in die Schule.
In die Schule zu kommen ist eine große Sache im Leben.
Aber wie geht das eigentlich – in die Schule kommen?

Was erwartet dich?
Wer ist dein Lehrer oder deine Lehrerin?
Wer kommt noch in deine Klasse?
Wie sieht dein Klassenzimmer aus?
Wie sieht deine Schule aus?

Für die Schule ist es eine große Freude, wenn die Erstklässler kommen. Sie wird geschmückt, und ihr werdet willkommen geheißen.

Die Rektorin begrüßt alle Erstklässler.

Du begrüßt auch deine Lehrerin.

Anschließend geht die Lehrerin mit ihrer Klasse ins Klassenzimmer.

Die Lehrerin freut sich, ihre Erstklässler kennenzulernen. Und du lernst deine neuen Klassenkameraden kennen.

Der erste Schultag dauert nicht lange. Der zweite Schultag ist dann schon eher so wie die anderen Schultage, eine Mischung aus Lernen und Spielen.

Schulen sehen unterschiedlich aus.
Schulen sind zum Beispiel:

Schulen können aus einem Gebäude bestehen oder aus mehreren.

Schulen sind zum Beispiel:

aus Backstein

aus Holz

rund

rechteckig

alt

neu

blau

weiß

gelb

grau

braun

rot

Wie sieht deine Schule aus? Welche Farbe hat sie?

So könnte eine Schule aussehen, wenn wir hineinschauen:

In einer Schule gibt es viele Räume, aber der allerwichtigste ist dein Klassenzimmer.

Vor dem Klassenzimmer hast du einen eigenen Platz
für deine Jacke und die Schuhe.
Genau wie im Kindergarten.

Du sitzt an einem Tisch.

Was denkst du, wie dein Stuhl aussieht?

Klassenzimmer sehen unterschiedlich aus,
weil die Tische so oder so stehen können.

Zwei und zwei

In einer Reihe

In Gruppen

Wenn die Tische so aufgestellt sind, nennt man das Hufeisen. Cool!

Manchmal gibt es auch noch andere Sitzgruppen, zum Beispiel Leseecken, Matten und Bänke.

Im Klassenzimmer hast du deinen eigenen Platz.

Deinen Tischnachbarn oder deine Tischnachbarin lernst du richtig gut kennen.

Im Klassenzimmer hast du ein eigenes Fach für deine Bücher und andere Sachen.

Was findest du vielleicht in einem Klassenzimmer?
Und was findest du dort nicht?

Buntstifte?

Eine Uhr?

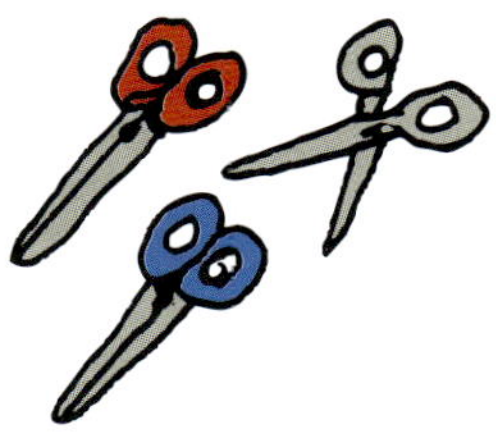

Scheren?

Eine Kuh?

Ein Waschbecken?

Einen Fliegenpilz?

Abfalleimer?

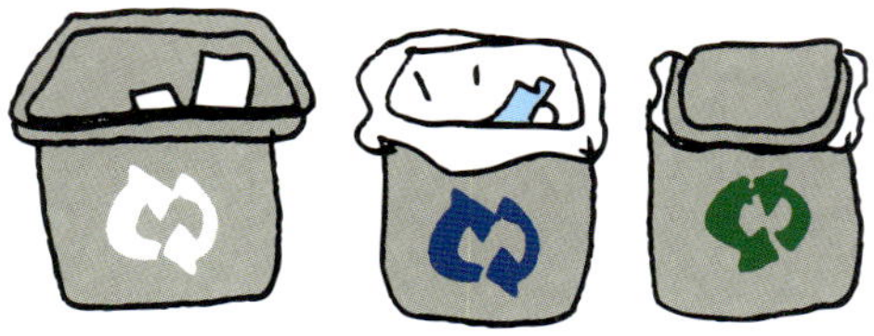

Eine Schubkarre?

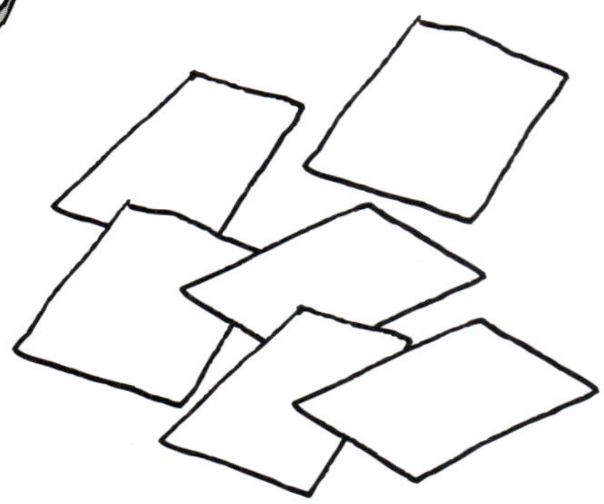

Eine Leiter?

Zeichenpapier?

Lineale?

Ein Rennauto?

Eine Lehrerin?

Eine Lehrerin ist dafür da, euch all das beizubringen, was ihr in der Schule lernen sollt.

Eine Lehrerin liebt ihre Schüler und tut alles dafür, dass sie sich wohlfühlen.

Die Lehrerin ist die Erwachsene, die du in der Schule am häufigsten siehst.
Manchmal wird sie auch von einem Assistenten oder einer Assistentin unterstützt.

Das machen die anderen Erwachsenen an der Schule:

Wir sind die Lehrerinnen und Lehrer
der anderen Schüler!

Lehrerinnen
und Lehrer

Wenn du mehrere Sprachen sprichst,
kannst du bei mir Unterricht in einer
anderen Sprache als Deutsch haben,
zum Beispiel in Türkisch!

Muttersprachenlehrerin

Ich bin die Chefin der Schule.
Ich sorge dafür, dass alles funktioniert.
Und dass sich Schüler, Lehrer und Eltern wohlfühlen.

Rektorin

Ich will, dass es den Schülern gut geht. Mit mir kannst du über deine Gefühle sprechen.

Sozialpädagoge

Ich achte darauf, dass die Schule sauber ist!

Reinigungskraft

Ich repariere Sachen drinnen und draußen!

Hausmeister

Ich muss mich beeilen, meine Klasse hat Sport!

In der Turnhalle hast du Sport.
Dort übst du verschiedene Sportarten und Bewegungen.

Manchmal hast du draußen Sport.

Manche Schulen haben eine Schulbibliothek.
Dort kannst du dir Bücher anschauen und ausleihen.

Im ersten Schuljahr lernst du das Leben in der Schule kennen, wie du dich anderen gegenüber verhalten sollst und wie du ein guter Freund oder eine gute Freundin bist.

In jeder Schulstunde erhältst du Unterricht in einem Fach.
Du lernst das Fach kennen und erfährst viel Neues.

Ein Schulfach könnte sein:

Deutsch,

Mathe,

Englisch,

Musik,

Sachunterricht,

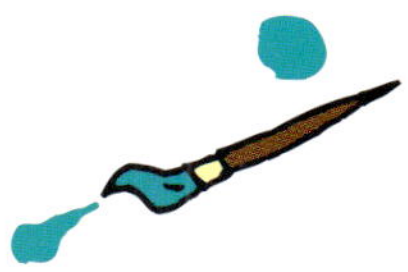

Kunst, Werken und
Textiles Gestalten,

Religion,

Sport.

Du lernst durch:

Zuhören,

Hinschauen,

Fühlen und Dich-Bewegen.

Oft ist der Schultag in mehrere Einheiten aufgeteilt.
So könnte dein Schultag aussehen:

Deutsch

Werken und Textiles Gestalten

Mittagessen und große Pause

Mathe

Große Pause

Sachunterricht

In eine AG, zur Betreuung oder nach Hause

Am Tag gibt es mehrere Pausen.
Dann spielst du mit den anderen Kindern draußen.

An manchen Schulen bekommen die Erstklässler einen Paten oder eine Patin, das sind ältere Schüler, die darauf achten, dass sich die Jüngeren in den ersten Wochen wohlfühlen.

Draußen passen die Erwachsenen auf euch auf.

Wenn etwas passiert, kannst du ihnen Bescheid sagen.

Große Pause

So könnte ein Schulhof aussehen.

An vielen Schulen gibt es einen Fußballplatz, Schaukeln, ein Klettergerüst und andere Spielgeräte. Die Erwachsenen achten darauf, dass jeder jemanden zum Spielen hat.

Das ist unser Geheim-versteck.
Komm, wir rennen!
Au ja!
Komm, wir gehen zu den anderen und spielen mit ihnen!
Yippie!!
Ich Stoß gleich an die Wolken!
Komm schon!

Ein paar Kinder kennen vielleicht schon jemanden in der Klasse, andere kennen niemanden.

Es ist schön, wenn sich alle umeinander kümmern und niemand allein spielen muss, der das nicht will.

Manche haben ganz viele Freunde,
andere haben lieber wenige enge Freunde.

Mit einer richtig guten Freundin kannst du ganz du selbst sein. Manchmal streitet ihr euch, aber hinterher seid ihr wieder Freundinnen.

Neue Freundinnen und Freunde zu finden ist toll. Vielleicht bleibt ihr viele Jahre lang befreundet, vielleicht sogar ein Leben lang?

Gute Freundinnen und Freunde sind Gold wert.

Gute Freunde nehmen gegenseitig Rücksicht und kümmern sich umeinander.

Gegenseitig Rücksicht nehmen heißt, auf andere achtzugeben und ihnen zuzuhören.
Sich kümmern heißt, zu fragen, wie es den anderen geht.
Mitfühlen heißt, sich dafür zu interessieren, wie sich andere fühlen.

Es gibt viele Möglichkeiten, zur Schule zu kommen.

Manche gehen zu Fuß.

Meistens werde ich von Mama oder Papa begleitet!

Wir gehen als Gruppe zusammen!

Ich gehe zusammen mit meiner Schwester!

Manche werden gefahren.

Andere nehmen den Schulbus.

Manche werden von einem Taxi gebracht.

Andere fahren mit dem Rad.

Wie kommst du zur Schule?

Nach dem Unterricht gehen viele Kinder in AGs, in die Mittagsbetreuung oder den Hort.

Dort denken sich die Erwachsenen etwas aus, was ihr nach der Schule machen könnt.

Dort kannst du Hausaufgaben machen, basteln, spielen, einen Film sehen und vieles mehr.

Während eines Schuljahrs hast du viele Ferien:
Herbstferien, Weihnachtsferien, Winterferien, Osterferien, Pfingstferien und Sommerferien. In den Ferien hast du keine Schule.

Wenn deine Eltern arbeiten müssen, kannst du in die Ferienbetreuung gehen und dort tolle Sachen machen.

Viele gehen schon vor dem ersten Schultag in den Hort. Dort lernen sich die Kinder vorab kennen.

Die Lehrerin kann Hausaufgaben aufgeben.

Hausaufgaben machst du, um das, was ihr in der Schule besprochen habt, noch besser zu lernen.

Hausaufgaben machst du nach der Schule, in der Hausaufgabenbetreuung oder daheim.

Manchmal brauchst du bei den Hausaufgaben Hilfe.

Manchmal kriegst du sie allein hin.

Bei vielen Aufgaben in der Schule musst du sitzen.

Oft bist du so vertieft in die Aufgaben, dass du gar nicht merkst, wie viel du stillsitzt.

Dann wiederum kann dir das Sitzen ziemlich lange vorkommen.

Bevor du in die Schule kommst, kannst du manches üben.

Bevor du in die Schule kommst, kannst du auch üben:

Hinzuschauen und zuzuhören.

Darauf zu warten, dass du an der Reihe bist.

Dich zu melden.

Etwas in der Gruppe zu machen.

Etwas allein zu machen.

Vieles solltest du können, bevor du in die Schule kommst:

Allein aufs Klo gehen.

Dich an- und ausziehen.

Die Brotdose auf- und zumachen.

Mit Schere und Bleistift umgehen.

Schulkinder haben einen Schulranzen.

Schulranzen können unterschiedlich aussehen.

Hinten auf meinem Ranzen ist ein Rennauto abgebildet!

Mein Ranzen lässt sich gut tragen.

Manche Ranzen haben die gleiche Farbe.

Mein Ranzen ist orange!

Mir gefällt Orange auch, das ist meine Lieblingsfarbe!

Ranzen sind gut, um das, was du in der Schule brauchst, zu tragen.

Ich benutze den alten Ranzen von meinem großen Bruder, darauf bin ich stolz!

Papa und ich haben den Ranzen zusammen gekauft!

Mein Ranzen ist so blau wie der Himmel!

Meiner ist so blau wie das Meer!

Meiner ist so blau wie eine Heidelbeere!

Alle Ranzen sind schön, dein Ranzen passt zu dir.

Was packt man in einen Ranzen?

Bücher?

Ein Tablet?

Eine Pflanze?

Eine Teekanne?

Eine Mappe?

Eine Wasserflasche?

Ein Segelboot?

Ein Schwein?

Eine Brotdose?

Ein Mäppchen?

Mäppchen gibt es in verschiedenen Farben und Größen.

Was befindet sich in einem Mäppchen?

Das Wichtigste in einem Mäppchen sind Bleistift und Radiergummi.

Wenn du gesunde Sachen isst, hältst du in der Schule und auch sonst besser durch.

Was sollte in einer Brotdose sein?

Viele Sachen in der Schule übst du immer wieder, damit du sie nicht vergisst, zum Beispiel die Buchstaben.

O wie in Olivia!
Mit welchem Buchstaben beginnt dein Name?
V wie in Vincent!

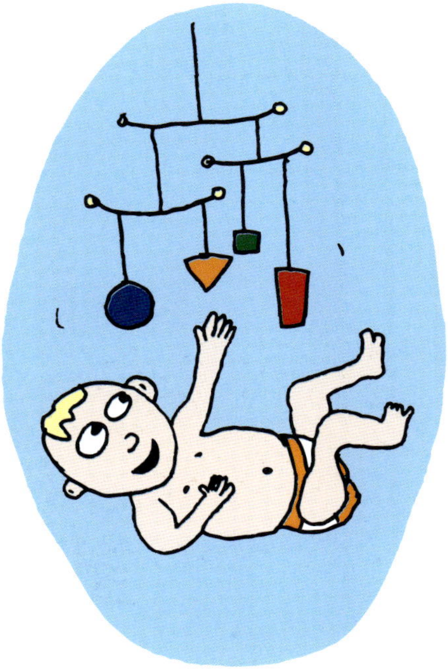

Dein ganzes Leben lang lernst du neue und spannende Sachen.

In der Schule lernst du Dinge, die du als Kind und als Erwachsener brauchst, Sachen, die du können musst und die dir im Leben Freude bereiten.

Interessante Dinge über die Welt und die Natur.

Und jede Menge andere Sachen.

Spielen heißt auch Lernen.
Neugierig sein, deine Fantasie benutzen.
Dich in etwas vertiefen, was du gern machst.

Du spielst dein Leben lang, Erwachsene spielen nur anders.

In der Schule spielst
du auch ganz viel.

In der ersten Klasse sind alle neu, alles ist für alle gleich neu.

Wenn du irgendwo neu bist, kennst du dich nicht aus und weißt nicht, wie etwas funktioniert.

Langsam, aber sicher lernst du alle in der Klasse kennen, und du gewöhnst dich an alles Neue.

Du gehst mindestens neun Jahre zur Schule. Das sind viele Schultage insgesamt, aber keiner ist wie der andere.

An jedem Schultag lernst und erlebst du neue Sachen.

Neues zu lernen, deine Fantasie zu benutzen, dich zu wundern lässt dich innerlich wachsen.
So bekommt der Körper ein gutes Gefühl = Selbstwertgefühl.

Dann fühlst du dich wichtig, und das bist du auch.

Juhu, du kommst in die Schule!

Juhu, bald bist du ein Schulkind!

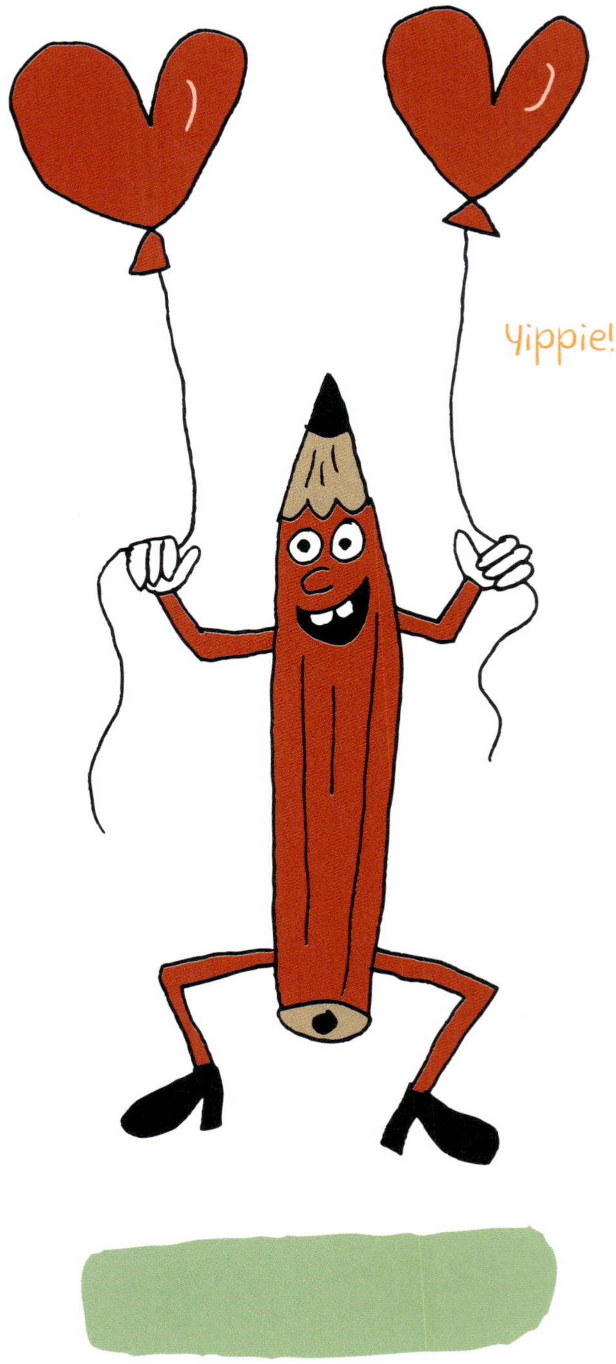